खोल रहीं अवगुंठन सजलें

सजल संग्रह

अमर अद्वितीय 'बिसावर'

****

यह काव्य-संग्रह

उन माता-पिताओं को समर्पित कर रहा हूँ

जिनको मैंने अत्यंत सरल एवं सहृदय युगल के रूप

में पाया, जिन्होंने जीवन में अधिकाधिक कष्ट भोगे

किंतु औसतन सुखी लोगों से अधिक सुखी दिखते

रहे और सामाजिक मानकों का पालन करते रहे तथा

जिन्होंने मुझे, माता-पिता के बाद सबसे अधिक

साझा स्नेह प्रदान किया, ये हैं

देवीतुल्य पूजनीय मेरी सबसे बड़ी बहन व

जीवटता के समुद्र बहनोई!

****

क्रम-सूची

क्रम-सूची

क्रम-सूची

क्रम-सूची

भूमिका

सच्चाई का "खोल रहीं अवगुंठन सजलें"

मथुरा (वर्तमान हाथरस) जिले के गाँव बिसावर में जन्मे बैंकर कवि अमर अद्वितीय 'बिसावर' के चौथे सजल संग्रह का नाम है "खोल रहीं अवगुंठन सजलें" जिसका केन्द्रीय भावतत्व ऐसा कुछ है जिसे सजलकार कवि पाठकों के समक्ष उजागर करना चाहता है। अवगुंठन के पीछे के रूप को देखने जानने की जिज्ञासा स्वाभाविक है। कवि की इस संग्रह की सजलों ने अवगुंठन को किस प्रकार खोला है और क्या दिखाया है हम उनकी सजलों में से ही जान सकते हैं। कविता में छायावाद को यदि अवगुंठन मान लिया जाए तो प्रस्तुत कवि की भावना स्पष्टवादिता या सपाटबयानी की हो सकती है जो वह इस संग्रह में अभिव्यक्त करना चाहता है। प्रस्तुत संग्रह की सजलों में से उद्धरणों के द्वारा इस तथ्य को देखा जा सकता है।

कवि अपने उपनाम का यथार्थ एक सजल में स्पष्ट करते हुआ एक दूसरी सजल में अपने मन की बात को इस प्रकार बताता है, देखें -

इसी जगह पर खेल-कूद कर पला बढ़ा था।
इसीलिए उपनाम 'बिसावर' पड़ा, बताना।।

... ...

कुछ नहीं बिल्कुल छुपाना चाहता हूँ।
बात जो सच है बताना चाहता हूँ।।
कवि स्वयं क्या कर रहा है कवि के शब्दों में दखिए -
टूटे मुक्ताहार लिए फिरता हूँ।
हूक और हुंकार लिए फिरता हूँ।।
सरकार के कामकाजी वातावरण की वर्तमान स्थिति पर सजलकार कवि की निम्न टिप्पणियाँ बेहद स्पष्ट तथा गंभीर खुलासा करती हैं -
दाढ़ी में दर्जन भर भतिनके। वे भी करते सीनाजोरी।।
पंचायत छः बार हो गई। है, थी जहाँ वहीं पर मोरी।।

... ...

उपजे नई समस्या पल-पल। नहीं दृष्टिगत है कोई हल।।

सत्तारूढ़ बने हैं भक्षक। केवल दावा निश्छल निर्मल।।

नाम दिया कौशल विकास का। विकसित नहीं हो सका कौशल।।

... ...

देकर चोट नहीं रोने देते, असमंजस भारी है!

लोकतंत्र का नाम चल रहा, तानाशाही जारी है!!

कहें, निठल्ले सब सरकारी अफसर और कर्मचारी!

जीत रही है निजी व्यवस्था लोक-लुभावनकारी है!!

... ...

'मिली नौकरी है सरकारी, भला क्यों न हम इतराएँ'।

बिना घूस ले, काम नहीं करने की कसम उठा ली है।।

कवि का मानना है कि सरकारी व्यवस्था की यह स्थिति ठीक नहीं
है। गाँव में जन्मे, पले बढ़े कवि को जनसाधारण की परेशानियों का पता
है और वह लिखता है कि,

व्यक्ति बाध्य है, काम कराने कार्यालय जाएगा।

बार-बार चक्कर लगवाना, ठीक नहीं होता है।।

सजलकार देखता है कि व्यवस्था में गर्व करने जैसा कुछ नहीं है, वह
व्यथित है और सलाह देने के अपने कवि कर्तव्य को निम्न पंदिकों में
अभिव्यक्ति देता है।

क्या करोगे जानकर तुम इस हृदय की वेदना!

जान तो अब है नहीं पर चल रही है जिंदगी!!

है 'बिसावर' कुछ नहीं हम गर्व जिस पर कर सकें!

स्वप्न में, पर खूबसूरत पल रही है जिंदगी!!

... ...

जीने का अधिकार न छीनो। दुखियों का संसार न छीनो।।

पेट तुम्हारा नहीं भरेगा। गरीब का व्यापार न छीनो।।

... ...

दूसरों का दुख समझना बात अच्छी है।

जिंदगी अपनी न, पर बलिदान होने दो।।

जो पखेरू उड़ गए वापिस नहीं आए।

कीजिए कुछ, घर न यों वीरान होने दो।।

राजनीतिक परिदृश्य की झलक कवि अमर अद्वितीय बिसावर की

इन पदिकों में दृष्टव्य है-

पहन रखा है झूठा चोला। सत्य नहीं वर्षों से बोला।।

गारंटी देता है नेता। रखता अलादीन का झोला।।

... ...

गौशाला में बदल गया है वही पुराना कट्टीघर।

वह भी अवसरवादी ही था यह भी अवसरवादी है।।

आधुनिकता के प्रभाव को सजलकार ने भावुक शब्दों में उकेरा है,

देखें-

आधुनिकी की चकाचौंध ने बचपन लूट लिया।

अरे! कई लोगों का सारा यौवन लूट लिया।।

खेल-कूद जीवन से गायब, शरीर है रोगी।

वातानुकूल लत ने उत्तम तन-मन लूट लिया।।

यह आधुनिक काल की विशेषता ही है कि कोई किसी की पीर सुनना

नहीं चाहता, सच सुनने में किसी की रुचि नहीं है बल्कि रूठने, नाराज

होने तथा झूठ में आनंदित होने की प्रवृत्ति व्याप्त है। कवि अमर

अद्वितीय निराशा के इस दौर में अपनी बात इस प्रकार कहते हैं -

दिल में पीर बड़ी है माना। मत होंठो पर उसको लाना।।

नहीं किसी को रुचि है कोई। सुने हृदय से उसे सुनाना।।

... ...

झूठी बातों में उनको आनंद बहुत आता।

सच्ची बात उठानी चाही तो वे रूठ गए।।

दिल है मेरे पास एक ही, दूँ या पास रखूँ

अपनी व्यथा दबानी चाही तो वे रूठ गए।।

कवि निराशा में आशा, अँधेरे में उजाले तथा द्वेष पर प्रेम की शक्ति

को जानता है। दो पदिक उद्धृत हैं -

घिरे निराशा के, जीवन में बादल काले हैं।

आशा की किरणों ने जीवित रखे उजाले हैं।।

प्रेम द्वेष से कई गुना ताक़तवर होता है।

बुरी सोच ने केवल मन में घोंपे भाले हैं।।

और कवि क्या लिखना-लिखवाना चाहता है देखिए -

लिख हुक्कों की गुड़ुर-गुड़ुर। चिलम और अंगारे लिख।।

देशी कुत्ते चितकबरे। पीले, धौरे, कारे लिख।।

कवि अमर अद्वितीय की निम्न सजल उनकी आदर्श की कल्पना का निदर्शन करती है।

श्रम का फल मीठा होता है, करो निरंतर।

नहीं छोड़ते कल तो कितना अच्छा होता।।

'बुरे काम का बुरा नतीजा' सब कहते हैं।

मिले शीघ्र ही फल तो कितना अच्छा होता।।

अमर अद्वितीय की सजलों की भाषा सरल है सहज ग्राह्य है। शैली मुख्यतः अभिधात्मक है, शब्द आमजन की बोलचाल के हैं। अलंकरण का मोह या प्रयास नहीं मिलता। भाव एवं कथ्य की संप्रेषणीयता में कवि सफल है। सजलों की विषयवस्तु जनसाधारण के जीवन से जुड़ी है। अमर अद्वितीय गहरी मानवीय संवेदनाओं के ईमानदार कवि हैं। आशा है पाठकों से उनकी सजलों को सराहना प्राप्त होगी। उनकी नवीनतम सजल कृति "खोल रहीं अवगुंठन सजलें" के प्रकाशन पर हमारी ओर से उनको बधाई।

***

डॉ जे पी बघेल,

डी-103, मंडपेश्वर कृपा, एसवीपी रोड,

बोरीवली (पश्चिम), मुंबई - 400103

9869078485

आमुख

प्रिय सम्माननीय पाठको,

यह पुस्तक एक काव्य संग्रह है, जिसमें मानव जीवन की अनेक संवेदनाओं और भावनाओं की छायाएँ छिपी हैं। कवि ने अपने आसपास घटित सामाजिक और राजनीतिक वातावरण में जब जो देखा और आभास किया उसे संग्रह कर शब्दों में पिरोया है और उसे यथानुसार आप सब तक पहुँचाने का एक प्रयास किया है। कई पंक्तियां ऐसी हैं जिनमें जीवन की अनगिनत अवधारणाएँ व उनकी रूपरेखाएँ चित्रित हैं, जो हमारी अंतरात्मा की गहराईयों में बसी हुई होती हैं।

यह काव्य संग्रह एक सजल संग्रह है जो हिंदी काव्य की नवीन विधा है जो उर्दू की ग़ज़ल के समकक्ष विधा है। सजल विधा हिंदी काव्य जगत में तेजी से स्थापित होती जा रही है। इससे पूर्व मेरे तीन सजल संग्रह "आखिर सम्मुख आया सच'' "बात ही कुछ और थी" तथा "रात के बारह बजे" प्रकाशित हो चुके हैं। "रात के बारह बजे" यह तीसरा स्वतंत्र सजल संग्रह है। गांव शहर की दिनचर्या, मानव व्यवहार, शिक्षा, साहित्य, पौराणिक आख्यान, धर्म-संस्कृति, खेती, कृषक, मजदूर, पर्यावरण, सामाजिक व्यवस्था, शासन व्यवस्था, राजनीति आदि इस संग्रह की सजल रचनाओं के विषय हैं। मैं आमतौर पर बोलचाल वाली सरल और सुगम हिंदी भाषा में लिखता हूँ जिससे कवि के भावबोध को सामान्य व्यक्ति भी सरलता से समझ सकता है। इनके अतिरिक्त एक व्यंग्य संग्रह का सृजन भी लेखनी ने मुझसे करा लिया है, मेरा यह चतुर्थ काव्य संग्रह इस समय आपके हाथों में है।

अनेक कवि और साहित्यकार जिनका कोई गौडफादर नहीं होता है, जिन्हें आगे बढ़ाने में स्थापित साहित्यकार मदद नहीं करते हैं, उन्हें अपनी बात स्वयं ही आगे बढ़ानी होगी। मुझे इन सब बातों से ऊर्जा मिली और पहला कदम स्वयं उठाने का साहस जुटाया है कि यदि मेरा लेखन पाठकों के हृदय में अपनी जगह बना पाए तो कारवां बन ही जायेगा। प्रारंभ में

प्रकाशन के कार्य में डॉ दिनेश पाठक 'शशि' जी (मथुरा) द्वारा मुझे बहुत सहयोग और मार्गदर्शन मिला है! इस सब के इतर, यहाँ उन सभी वरिष्ठ एवं साथी साहित्यकारों का साभार उल्लेख करना चाहता हूँ जिन्होंने किसी भी स्वरुप अथवा मात्रा में सहयोग किया है.

आप हैं सर्व श्री ईश्वरी प्रसाद यादव, महेश जैन ज्योति, डॉ 'अधीर', डॉ अनिल गहलौत, डॉ महेश दिवाकर, डॉ एल एस आचार्य, डॉ रामसनेही लाल शर्मा 'यायावर', डॉ रामप्रकाश 'पथिक', डॉ जे पी बघेल, डॉ अशोक बंसल, डॉ दिनेश पाठक 'शशि', डॉ एस एम सिरोठिया, डॉ संतोष शर्मा 'सुधांशु', डॉ मिथिलेश कुमारी, डॉ राकेश सक्सेना, डॉ नीतू गोस्वामी, डॉ रमाशंकर पाण्डेय, सर्व श्री विजय राठौर, विजय बागरी विजय, इंजी. संतोष कुमार सिंह, निशेष जार तृषित, चित्रांश रजनीश राज ब्रजवासी, ज.ल. राठौर प्रभाकर, अवधेश गुप्त नमन, एड हरवेन्द्र सिंह, महेश कुमार शर्मा (रायपुर), राजकुमार महोबिया, रविन्द्रपाल सिंह रसिक, एड राकेश कुमार मिश्र (पुणे), डॉ प्रशांत गहलौत, सर्व श्री विमल उपाध्याय, मूलचंद शर्मा, खेमचंद सहगल, नवीन चतुर्वेदी (मुंबई), अटल राम चतुर्वेदी, यशपाल शर्मा यशस्वी, देवी प्रसाद गौड़, भुवनेश चौहान चिन्तन,अजय जादौन, सुखवीर 'शिखर', एस के शर्मा (आगरा), रवि पाल 'खामोश', डॉ संतोष कुमार सिंह 'सजल', डॉ शिवम तिवारी, श्रीमती रेखा लोढ़ा, श्रीमती कृष्णा राजपूत एवं अनेक ऐसे मित्र जिनके नाम स्मृति पटल पर अंकित हैं।

इनके अतिरिक्त अनेक लोगों ने समय-समय पर साहस बढ़ाकर साहित्य की मेरी यात्रा को गति व दिशा प्रदान की है, उन्हें सधन्यवाद प्रणाम करता हूँ जिनमें कुछ विभागीय वरिष्ठ साथी हैं जो अब सेवानिवृत हो गए हैं- सर्व श्री ओमप्रकाश शुक्ला, नवनीत अग्रवाल, नवल किशोर अग्रवाल, अर्जुन सिंह, सुभाष चन्द्र शर्मा, प्रमोद गुप्ता आदि एवं वर्तमान में श्रीमती प्रियंका मिश्रा (एजीएम), सर्व श्री राजीव कुमार मिश्रा (डी जी एम), उत्तम कुमार (ए जी एम), भगवान सिंह, शैलेश भट्ट, राजीव रंजन, वल्देव सिंह कुन्तल, राजेश पचौरी, हरिओम शर्मा, श्रीमती सबिता दहिया, श्रीमती मंजु बघेल, सर्वश्री प्रेम बहादुर सिंह, रोहित अग्रवाल, ब्रिजेश कुमार (आगरा), टी डी गुप्ता, शमशेर दहिया, कुमार विवेक, संजय चटर्जी, देवेन्द्र

स्वरुप शर्मा, वीरेन्द्र यादव, अनुराग वर्मा, अमित पाल, सागर भारद्वाज, पंकज शर्मा, आशीष यादव, रणवीर सिंह, कृष्णदेव भारद्वाज, पंकज शर्मा आदि। कुटुंब से मेरे भाइयों सर्व श्री विजय सिंह, विजय पाल सिंह, चन्द्र पाल सिंह , देवेन्द्र कुमार आदि सब का मौन सहयोग रहा है, कुछ ऐसे मित्र होते हैं जो दूर होकर भी सदैव हृदय के समीप रहते हैं जैसे सर्व श्री कुलदीप शर्मा (जयपुर), अमित शर्मा (बागपत), गिरिधारी नारायण (जयपुर), शिवराम सिंह (आगरा), अभिषेक पाराशर (मथुरा), डी के शर्मा एंड ब्रदर (जयपुर), पुष्पेन्द्र पांचाल और अनगिनत मित्र व रिश्तेदार जिनकी दुआओं की अनुपस्थिति में इस पथिक के कदम यहाँ तक नहीं पहुँचते। जिन साथियों का नाम याद न आने के चलते यहाँ अंकित नहीं हो सका है वे सब मस्तिष्क में पूर्णतः अंकित हैं जिनमें सबसे प्रमुख हैं सहधर्मिणी श्रीमती पुष्पा सिंह।

इस संग्रह में विभिन्न विषयों पर लिखी गई कविताएँ हैं। यहाँ आपको प्रेम, विरह, जीवन की अनगिनत राहें, और आत्मा की खोज मिलेगी। ये कविताएँ अपने अंदर छिपे भावों को जागृत करेंगी और आपको अपने जीवन की अनगिनत रूपरेखाओं को समझने में मदद करेंगी। इस संग्रह को पढ़कर आपकी भावनाओं की गहराइयों में खो जाने की आवश्यकता है। यह कविताएँ आपके मन की गहराइयों में छू जाएंगी और आपको अपने जीवन के रंगीन पलों को देखने की क्षमता प्रदान करेंगी।

मेरी साहित्य यात्रा में किसी भी मोड़ पर कम या अधिक सहयोग/ सहायता करने वाले प्रत्येक व्यक्ति का हृदय से आभार व्यक्त करता हूँ और सभी पाठकों का साभार धन्यवाद।

अमर अद्वितीय 'बिसावर'
२५६, आनंदवन फेस-२, निकट आनंदनगर गेट
मथुरा (उ प्र) पिन- २८१००६
Mob. No. 9359273904
Email. amaradwiteey@gmail.com
रक्षाबंधन संवत २०८२ यथा ०९ अगस्त २०२५

1. मधुबन

रखती दूर निराशाओं से, करें उजाला आँगन सजलें।
जीवटता के सुमन खिले हैं, मन कर देतीं मधुबन सजलें।।

***

एक-एक पग चलना सीखा, गहरे ताल उतरना सीखा।
चलीं लकुटिया टेक शुरू में, अब चहकें पा यौवन सजलें।।

***

प्रेम, करुण, श्रृंगार, वीर रस, मानवता है, देशभक्ति भी।
धीरे-धीरे चंद्रमुखी-सा खोल रहीं अवगुंठन सजलें।।

***

नहीं किसी भी अन्य विधा से कम आकर्षक भाषा-शैली।
अभी देखना आगे-आगे, निकलेंगी जब बन-ठन सजलें।।

***

सम्मुख ध्येय मातृभाषा की रक्षा करने का रखता हूँ।
जन गण मन को सिखा रही हैं, भाषा का नव-दर्शन सजलें।।

2. फेसबुक का वाल

व्यस्तता के बीच सुख बेकार सा लगने लगा।
आजकल रविवार भी बुधवार सा लगने लगा।।

***

प्यार से सब साथ रहते हैं जहाँ, परिवार है।
फेसबुक का वाल अब संसार सा लगने लगा।।

***

सत्य सुनकर रूठने वाले बहुत मिलते यहाँ।
झूठ का हर ओर ही बाजार सा लगने लगा।।

***

है बनी सरकार जब से दस गुना आवक बढ़ी।
व्यक्ति सबको वह तभी गद्दार सा लगने लगा।।

***

खा गया धोखा तभी माना 'बिसावर' सत्य को।
कल किसी का वार उसको प्यार सा लगने लगा।।

3. अच्छा होता

होता पथ समतल तो कितना अच्छा होता।
मिट जाता दलदल तो कितना अच्छा होता।।

***

श्रम का फल मीठा होता है, करो निरंतर।
नहीं छोड़ते कल तो कितना अच्छा होता।।

***

'बुरे काम का बुरा नतीजा' सब कहते हैं।
मिले शीघ्र ही फल तो कितना अच्छा होता।।

***

रावण, दुर्योधन समाज को सदा सताते।
इन्हें न मिलता बल तो कितना अच्छा होता।।

***

अवधी, ब्रजभाषा, छत्तीसगढ़ी, बुंदेली।
लिखते आप सजल तो कितना अच्छा होता।।

4. ऊँचे दाम

काफी ऊँचे दाम मिलेंगे, देखना तुम!
जामुन पर भी आम मिलेंगे, देखना तुम!!

***

मानव तो बेरोजगार होंगे सभी!
जानवरों को काम मिलेंगे, देखना तुम!!

***

किसी काम में अब नारी पीछे नहीं!
अधर-अधर पर जाम मिलेंगे, देखना तुम!!

***

रावण छिप कर जान बचाते घूमेंगे!
जब संसद में राम मिलेंगे, देखना तुम!!

***

कण-कण में प्रभु बसते कहते हैं सभी।
बस वृंदावन श्याम मिलेंगे, देखना तुम!!

5. मृदु मुस्कान

पीर कम हो या अधिक हो कुछ बताया तो करो।
रूठ जाओ या मनो पर पास आया तो करो।।

***

देख मृदु मुस्कान अदभुत जी रहे हैं हम सभी।
कष्ट में जीवन भले हो मुस्कराया तो करो।।

***

क्यों सभी को हो बताते बात है जो व्यक्तिगत।
आप अपने हो भरोसा यह दिलाया तो करो।।

***

जो चला जाता जगत से लौटकर आता नहीं।
धर्म है मिलना-मिलाना कुछ निभाया तो करो।।

***

एक दिन की यह 'बिसावर' है नहीं बस जिंदगी।
गीत, कविता या सजल कुछ गुनगुनाया तो करो।।

6. इंद्रधनुष

सबके अपने तौर तरीके, सबके अपने ढंग।
इंद्रधनुष में एक हुए मिल, सात तरह के रंग।।

***

गुरु के डंडे खा कर अफसर, बने गाँव के छात्र।
कानवेंट से पढ़ निकले कुछ, बने गँवार दबंग।।

***

चपरासी को कहो दफ्तरी, बदल गए हैं नाम।
अब वे सब दिव्यांग हो गए, जो थे कभी अपंग।।

***

नित्य बैलगाड़ी में जुड़ते, नए-पुराने बैल।
पहले सारस के जैसे था, पति-पत्नी का संग।।

***

कविता शुरू-शुरू में खारिज, कर देते हैं लोग।
शनैः शनैः बन जाती है जो, जन-जीवन का अंग।।

7. अचानक

लगी हर तरफ आग अचानक।
उपजी भागम-भाग अचानक।।

***

कोलाहल चहुँओर बढ़ गया।
गया बटोही जाग अचानक।।

***

छिपे कलाई के वस्त्रों में।
लगे काटने नाग अचानक।।

***

समय बदलते बदलें नेता।
जपें राम का राग अचानक।।

***

सूखा पड़ा हुआ था दल में।
आया रसमय फाग अचानक।।

8. जादू

जादू मेरे दिल का उनके दिल पर छाया है।
मैंने उनको रात-रात भर बहुत जगाया है।।

***

पता ढूँढते हुए मित्र बस्ती में आ पहुँचे।
अपना पता बिना पूछे ही मुझे बताया है।।

***

मैंने कहा कि दिल आने का कारण बतलाओ।
बोले, यादों ने मुझको दिन रात सताया है।।

***

प्रेम-रोग में एक दूसरा ही हकीम होता।
उनका दर्द जगत वालों ने सिर्फ बढ़ाया है।।

***

नयनों की भाषा को पढ़ सकते हैं बस नयना।
अर्थ बताए सूत्र नहीं ऐसा बन पाया है।।

9. उखड़े खंभे

लगे न खंभे, उखड़ गए हैं।
बिल कागज पर रगड़ गए हैं।।

***

संगत का प्रभाव पड़ता है।
सरल हृदय भी अकड़ गए हैं।।

***

उच्च विचार लोग रखते थे।
ब्याधाओं में जकड़ गए हैं।।

***

अरे, चीज बिगड़ैल फेसबुक।
उसे देख सब बिगड़ गए हैं।।

***

कभी अंग सब ढकती फैशन।
कभी अधिकतर उघड़ गए हैं।।

10. भीड़तंत्र

पहले से तय लगता है।
कण-कण विषमय लगता है।।

***

भीड़तंत्र ही लोकतंत्र।
ऐसा आशय लगता है।।

***

तानाशाही शीश चढ़ी।
सब देवालय लगता है।।

***

भक्तों से डरता जन-जन।
कहने जय जय लगता है।।

***

सत्य वचन मेरी आदत।
इसीलिए भय लगता है।।

11. चतुराई

हाँ कह कर भी काम नहीं करने को कहते हैं चतुराई।
जिसने कहा 'नहीं' उसके ही सिर पर एक मुसीबत आई।।

***

जिस दिन काम न करें अगर हम घर में चूल्हा नहीं जलेगा।
जयकारों, नारेबाजी से कहाँ पेट की हुई भलाई।।

***

घी में सनी उँगलियाँ सारी, और कढ़ाई में सिर डूबा।
जान बूझकर भी वे सब तो नहीं पाप को कहें बुराई।।

***

सच है, पूजा-व्रत होते हैं सुखदाई मानव जीवन में।
किंतु छोड़ कर्तव्य जगत के उचित नहीं केवल भगताई।।

***

ईश्वर बसा हृदय में सबके जहाँ रमे मन वहीं राम है।
अपने सगे-सहोदर तज कर क्यों वृंदावन भागे भाई।।

***

'सोचा, भजन करूँगा बैठे लेकिन टिर्री हाँक रहा हूँ।'
बोला भक्त एक, 'सब लूटा, खाली थैली है लौटाई'।।

***

सबने देखे! भूखे-प्यासे, रोगी नारी-पुरुष सैकड़ों।
दिखे न अंधभक्ति में डूबे लोगों को काली सच्चाई।।

12. सद्भावना

रूप से अच्छे बुरे को मत कभी तुम आँकना।
कर्म अच्छा या बुरा है धैर्य रख कर ताड़ना।।

***

लोभ में आकर नहीं अपमान करना चाहिए।
मान या सम्मान से होती बड़ी सद्भावना।।

***

स्वर्ण की पहचान केवल रंग पीला ही नहीं।
जाननी हमको जरूरी तत्व की संकल्पना।।

***

कर्म के आगे शिखर भी मार्ग देगा आपको।
कर्महीनों को सदा करनी पड़ेगी याचना।।

***

गलतियाँ होंगी चलो तुम जिस किसी भी पंथ पर।
इस लिए केवल 'बिसावर' कर्म को मत त्यागना।।

13. बदलाव

सुधरते आप भी थोड़ा, बदलते आप भी थोड़ा।
अगर मिल एक होना था, पिघलते आप भी थोड़ा।।

***

दवाओं की वजह से लोग कुछ बीमार रहते हैं।
सुबह उठकर तनिक जल्दी टहलते आप भी थोड़ा।।

***

बढ़ें दोनों तरफ से पग, निकट आती तभी मंजिल।
नहीं यों बैठते घर में, निकलते आप भी थोड़ा।।

***

उगे हैं पेड़ काँटेदार अब तो हर गली-कूचे।
भला क्यों दोष दो सबको, संभलते आप भी थोड़ा।।

***

न पहले की तरह संतान कोई मान करती है।
अतः बदलाव के अनुसार ढलते आप भी थोड़ा।।

14. चाचा-भतीजे

जहाँ कहीं शक्कर बँटती है, बिचौलियों का घेरा है।
चाचा और भतीजे ले लें, फिर जनता को टेरा है।।

***

मुँह में चाँदी की चम्मच के, साथ धनी का जन्म हुआ।
टूटा-फूटा छान-झोंपड़ा, निर्धन मिला बसेरा है।।

***

कई मिलेंगे लोग बजाते, बीन भैंस के आगे अब।
ऐसा करते हुए ठगों ने, ध्यान सभी का फेरा है।।

***

करें लगन से काम सभी, कर्तव्यनिष्ठ मानव जग में।
बात निठल्ले लोगों की बस, 'यह मेरा वह तेरा है'।।

***

पकी फसल को छोड़ बचाने, जान भागना पड़ जाता।
किसे ध्यान रहता ऐसे में, संध्या है कि सवेरा है।।

15. आवश्यकता

सांसों की पल पल आवश्यकता होती तन मन को।
जैसे एक-एक दाने की पड़ती निर्धन को।।

***

कई फूल सुंदर होकर भी गंधहीन रहते।
एक पुष्प महका देता है पूरे आँगन को।।

***

जीते जी कुछ लोग यहाँ कुछ बड़ा नहीं करते।
किंतु किसी ने बड़ा किया लोगों के जीवन को।।

***

दिल्ली कलकत्ता बंबई कहीं देख लेना।
तन जोगी, मन ढूँढ रहा है अक्सर जोगन को।।

***

ठोकर खाकर गिरा 'बिसावर' मरने वाला था।
प्रभु ने जीवन दान दे दिया मुझ जैसे जन को।।

16. सत्य

क्या जग को समझाऊँ मैं?
सत्य सामने लाऊँ मैं??

***

सारा सीना छलनी है!
क्या क्या घाव दिखाऊँ मैं??

***

सौ में अस्सी हैं झूठे।
क्या सच तुम्हें बताऊँ मैं??

***

गीत दुखों से भरे हुए।
गीत कौन सा गाऊँ मैं??

***

तुम्हें नाचना भाता है।
खुद को अतः नचाऊँ मैं??

17. अंतर मत रख

जग का बोझ हृदय पर मत रख।
भीतर ठग-सौदागर मत रख।।

***

कोई सगा नहीं है जग में।
व्यक्ति-व्यक्ति में अंतर मत रख।।

***

दृष्टिहीन हो सकता है रे।
नित आँखों में निझर मत रख।।

***

ऋण चुकता करना ही होगा।
माल किसी का लेकर मत रख।।

***

नहीं मृत्यु पर जोर किसी का।
अतः 'बिसावर' कुछ डर मत रख।।

18. सिर्फ दिखावा

उचित समय पर गीत अधर पर लाया नहीं गया।
जिसके लिए लिखा था उसे सुनाया नहीं गया।।

***

आहट सुनी, मुड़े, देखा फिर सोचा क्या जाने।
धड़क रहे सीने का भेद बताया नहीं गया।।

***

पहला प्रेम बड़ा परिवर्तन लाता जीवन में।
पल भर को भी दूर प्रिये का साया नहीं गया।।

***

भोजन तीन व्यक्तियों का, हैं पाँच लोग घर में।
माता और पिता से उस दिन खाया नहीं गया।।

***

घंटों बैठे माला जपना सिर्फ दिखावा है।
मन से दूर लोभ-लालच-धन-माया नहीं गया।।

19. ज्ञानपुंज

ज्ञानपुंज ने ज्योतिर्मय कर सोच बदल ही डाली है।
अंधकारमय जीवन में फिर से हो गई दिवाली है।।

***

उचित भूमि चुन, बीज उगाना, वृक्ष बनाना सिखलाया।
गुरु की तुलना नहीं किसी से, गुरु की बात निराली है।।

***

प्रेम पथिक ने प्रेम-पत्र लिख प्रेम-पंथ पर छोड़ दिया।
उठा प्रेमिका ने वह चिट्ठी मुट्ठी भींच छुपा ली है।।

***

पुत्री, पुत्र एक ही काफी नई पीढ़ियों को लगता।
साला नहीं कहीं तो दिखती कहीं-कहीं पर साली है।।

***

मिली नौकरी है सरकारी, भला क्यों न हम इतराएँ।
बिना घूस ले, काम नहीं करने की कसम उठा ली है।।

20. उच्च स्तर

मस्तिष्क में कुछ भले बुरे का डर नहीं होता।
व्यक्ति की सोच का जब उच्च स्तर नहीं होता।।

***

चाहिए ही उन्हें उड़ना पंख जिन जंतुओं के हों।
जन्म से चींटियों के शरीर पर पर नहीं होता।।

***

कहीं आलोचना हर पात्र की संभव कहानी के।
सदा मीठा कहीं संसार में सागर नहीं होता।।

***

प्रकृति, समाज और कानून की उड़ा दी धज्जियां।
समलैंगिकों में कोई वधू , वर नहीं होता।।

***

लिखी होगी कभी कविता तभी कवि लोग कहते हैं।
बिना जल के किसी का नाम तो निर्झर नहीं होता।।

21. भूल

अपना घर बाजार न करिए।
ऐसा कुछ व्यापार न करिए।।

***

भूल आदमी से ही होती।
लेकिन बारंबार न करिए।।

***

हानि-लाभ होते रहते हैं।
ज्यादा अधिक विचार न करिए।।

***

चमचों को ही खीर खिलाना।
मेरा कुछ उद्धार न करिए।।

***

बचे सलामत शत्रु तुम्हारा।
ऐसा कोई वार न करिए।।

***

पारदर्शिता अच्छी होती।
किंतु हृदय पर भार न करिए।।

***

आम आदमी भी मनुष्य है।
पशुओं-सा व्यवहार न करिए।।

22. बाप-माँ

चाँद, सूरज या सितारे, गिर पड़ेंगे।
नील नभ के कुछ नजारे, गिर पड़ेंगे।।

***

है उठा फिर ज्वारभाटा सागरों में।
लोग जो बैठे किनारे, गिर पड़ेंगे।।

***

जेल में डाले युवक जो भूल कर दी।
बाप-माँ जिनके सहारे, गिर पड़ेंगे।।

***

है बहुत डर, छोड़ दोगे बीच पथ पर।
जो नहीं जल्दी उबारे, गिर पड़ेंगे।।

***

आज तो मजबूत पर हैं, उड़ रहे हैं।
यदि शिकारी तीर मारे, गिर पड़ेंगे।।

23. आधुनिकी

आधुनिकी की चकाचौंध ने बचपन लूट लिया।
लोगों ने लोगों का सारा यौवन लूट लिया।।

***

खेल-कूद जीवन से गायब, है शरीर रोगी।
वातानुकूल लत ने उत्तम तन-मन लूट लिया।।

***

लूट मुहल्ले, कुटुंब, नुक्कड़ घर की ओर बढ़ा।
मोबाइल ने, साथ बैठना, आँगन लूट लिया।।

***

लिखना नहीं हाथ से बनता, पाठन में कठिनाई।
डिजिटल शिक्षा ने ही लेखन-वाचन लूट लिया।।

***

कहीं वैश्वीकरण, कहीं पर बात धर्म की करता।
अवसरवादी राजा ने संस्कृति-धन लूट लिया।।

24. सच्चाई

कभी कभी मुख से सच्चाई तो कहो।
सत्य बोलना काम भलाई तो कहो।।

***

किया विवाह कचहरी में तुम दोनों ने।
अब आपस में लोग-लुगाई तो कहो।।

***

बड़े आधुनिक दिखते हैं पहनावे से।
मत अपने गमछे को टाई तो कहो।।

***

नहीं अन्य रिश्ता कोई भाई जैसा।
किसी न लुच्चे को तुम भाई तो कहो।।

***

मिले मित्र तो नौकर कहा पिताजी को।
नहीं नौकरानी को माई तो कहो।।

25. अब्बल

जीवन खेल कराता है।
उँगली पकड़ नचाता है।।

***

सबसे बड़े खिलाड़ी प्रभु।
माने जगत, विधाता है।।

***

जल्दी ऊँचा चढ़ जाता।
जल्दी नीचे आता है।।

***

लगने लगे परी प्रेयसि।
दिल जब आ ही जाता है।।

***

मन की अनगिन इच्छाएँ।
छोर न कोई पाता है।।

***

कौन किसे क्या समझाए।
सुने न बात सुनाता है।।

***

दृष्टि लक्ष्य पर टिकी हुई।
संख्या अब्बल लाता है।।

26. रूठ गए

कहनी नई कहानी चाही तो वे रूठ गए।
अच्छी बात बतानी चाही तो वे रूठ गए।।

***

अब तो लगे रूठना उनका उड़ते बादल-सा।
बात होंठ पर लानी चाही तो वे रूठ गए।।

***

झूठी बातों में उनको आनंद बहुत आता।
सच्ची बात उठानी चाही तो वे रूठ गए।।

***

दिल है मेरे पास एक ही, दूँ या पास रखूँ!
अपनी व्यथा दबानी चाही तो वे रूठ गए।।

***

कभी तोड़ते, कभी जोड़ते दिल के टुकड़ों को।
कहनी जिद मनमानी चाही तो वे रूठ गए।।

27. ज्ञान

फल ईश्वर कर्मों का देगा।
और नहीं कुछ देगा-लेगा।।

***

मूर्ख कहीं कुछ बक सकता है।
ज्ञानी के मुख ज्ञान बहेगा।।

***

खुलेआम गलती करता है।
छपी खबर तो बहुत डरेगा।।

***

गरजेंगी जलहीन बदलियाँ।
बादल भरा हुआ बरसेगा।।

***

मनुष्य जीवित रहा ही नहीं।
कैसे असली भेद खुलेगा।।

28. चार दिन

जिंदगी सबको मिली दिन चार ही!
आठ दिन की हो सकी मिल प्यार ही!!

***

कह रहा आया बचाने वह हमें!
छीन ली है हाथ से पतवार ही!!

***

फूल उनके पास देने को नहीं,
हो छुपी कोई कहीं तलवार ही!!

***

क्या पदों या ओहदों का अर्थ है!
अन्न की है भूख रिश्तेदार ही!!

***

छेड़ना मत इस सरोवर को अधिक!
हो तले में गर्द का अंबार ही!!

***

देखना यदि चाहते जिंदा उसे!
कीजिए सब बंद अत्याचार ही!!

***

अब न दे कुछ भी मुझे, बस छोड़ दे!
भाग्य में सबके नहीं उपहार ही!!

29. तो क्या

देख हमको लोग मुस्काए नहीं तो क्या!
शक्ल अपनी अब उन्हें भाये नहीं तो क्या!!

***

कान के नजदीक जाकर होंठ खुलते हैं।
दिल दृश्य को देख घबराए नहीं तो क्या!!

***

कम नहीं आनन्द भी ठंडी हवाओं का!
मेघ पानी आज बरसाए नहीं तो क्या!!

***

आपने कुछ कायदे की बात की होगी!
बात मेरी ही समझ आए नहीं तो क्या!!

***

आपके दुख दर्द का आभास है हमको!
हम भले ज्यादा समझ पाए नहीं तो क्या!!

30. जारी है

देकर चोट नहीं रोने देते, असमंजस भारी है!
लोकतंत्र का नाम चल रहा, तानाशाही जारी है!!

***

कहें, निठल्ले सब सरकारी अफसर और कर्मचारी!
जीत रही है निजी व्यवस्था लोकलुभावनकारी है!!

***

जाति-धर्म की बात करें नेता तो हैं वे सामाजिक!
अगर करे जनता तो चलती धाराओं की आरी है!!

***

काट जेब बारह आने की, दस रख दिए हथेली पर!
नेताजी ने इसी तरह से निर्धन जनता तारी है!!

***

बेटी पढ़े, बढ़े बेटी ही, बेटे जाएँ जमतारा!
मानवता इन अवसरवादी नेताओं से हारी है!!

31. जल-धारा

हिमगिरि से दर्रों से गिरतीं हँसती गाती हैं।
झरनों से नदिया बन धाराएं इठलाती हैं।।

***

मीठा खारी नीर किसी का कहीं तैलिया जल।
आखिर सब जल-धाराएं सागर में जाती हैं।।

***

केवल दो या चार चपाती लें जन साधारण।
तोंद कहाँ से लूट झपट जाने क्या खाती हैं।।

***

खूब हँसी ठठ्ठा करते हैं लोग सुबह संध्या।
जिनके घर से देर रात आवाजें आती हैं।।

***

मूल रूप में मिलें पड़ोसिन हम न सके पहचान।
जो मेक'प से रूप परी की तरह बनाती हैं।।

32. विस्मयकारी

कहीं मरुस्थल या जंगल।
जीवन है चहुँ दिश दलदल।।

***

हर दिन एक परीक्षा है।
दिखलाते रहना कौशल।।

***

घर-मकान मजबूत रहे।
यदि मजबूत बने भू-तल।।

***

दिल तन मन का बोझ सहे।
पल-पल होती है हलचल।।

***

घर पर आते जाते रह।
जीवन बना रहे उज्ज्वल।।

***

विस्मयकारी पहेलियां।
बड़े-बड़े कर सके न हल।।

***

केवल कर्म हमें करना।
समयोचित आएगा फल।।

33. सँकरी गली

श्वेत किसी ने लिखी चुनरिया और किसी ने धानी लिख दी।
सत्ता हाथ लगी जिसके भी रंग बदल मनमानी लिख दी।।

***

अलग-अलग है सोच सभी की, भिन्न कल्पना और भावना।
कवि ने करुणा लिखी और शायर ने दर्द-बयानी लिख दी।।

***

सँकरी गली प्रेम की दो के लिए जगह कब होती उसमें!
तभी किसी प्रेमी ने ईश्वर जैसी अपनी रानी लिख दी।।

***

आपा-धापी भरी जिंदगी समय नहीं मिल पाता हमको।
टुकड़े-टुकड़े, बिना कथानक पूरी एक कहानी लिख दी।।

***

अपने लिए लिखे सब नेता मिल मनचाहे वेतन-भत्ते।
नाम देश के ही सैनिक ने अपनी सकल जवानी लिख दी।।

34. चाहता हूँ

मैं नहीं कुछ भी छुपाना चाहता हूँ।
बात जो सच है बताना चाहता हूँ।।

***

हो सके यह शून्य के लगभग बराबर।
बात को उतनी बढ़ाना चाहता हूँ।।

***

सत्य है यह जिंदगी बोझिल बड़ी है।
बोझ इसका पर उठाना चाहता हूँ।।

***

आपने अहसान मुझ पर कर दिए हैं।
कर्ज उनका मैं चुकाना चाहता हूँ।।

***

कर्म में ताकत बहुत है, यह सुना है।
भाग्य को मैं आजमाना चाहता हूँ।।

***

दौड़ते ही दौड़ते जीवन गया है।
चैन की वंशी बजाना चाहता हूँ।।

***

पूछते हो तो बताऊँ बात मन की।
इस धरा पर स्वर्ग लाना चाहता हूँ।।

35. हलचल

व्यक्ति फेसबुक से पागल।
जैसे घुमड़ रहा बादल।।

***

कल तक भैंस चराता था।
भूल गया सब अपना कल।।

***

हलचल देख रहा जग की।
किंतु नहीं मन में हलचल।।

***

लेकर पानी साथ चलो।
कहीं न मिलता है अब नल।।

***

बात पिताजी की न सुनी।
बच्चों में पैसे का बल।।

36. शत्रु

शत्रु दुबारा मीत हुआ है।
ऐसा पुनः प्रतीत हुआ है।।

***

शत्रु नहीं है शत्रु शत्रु का।
राजनीति का गीत हुआ है।।

***

बाजी नहीं एक भी जीती।
लेकिन नाम अजीत हुआ है।।

***

अभिनय है पाखंडी वाला।
बाह्य-रूप नवनीत हुआ है।।

***

मानव बहुत शक्तिशाली है।
देख मृत्यु भयभीत हुआ है।।

37. पात्र निभाना

पता तुम्हारे पास लिखा है सीधे आना।
आकर हाल कभी सुनना या मुझे सुनाना।।

***

अनजाने कुछ लोग यहाँ बैठे मिलते हैं।
मेरा हृदय रहा है एक मुसाफिरखाना।।

***

रख कंधे पर सिर उसके मैं रो लूँ जी भर।
कोई मित्र पुराना हो तो मुझे मिलाना।।

***

हो सकता है मिले सूचना तुम्हें देर से।
करना माफ और गलतियों को बिसराना।।

***

नहीं चौंकना खबर हमारे जाने की सुन।
हँसते-गाते जीवन के निज पात्र निभाना।।

***

भाईचारे का कर्जा शायद अकूत है।
रहे बकाया तो पर्चा ऊपर भिजवाना।।

***

इसी जगह पर खेल-कूद कर पला बढ़ा था।
इसीलिए उपनाम 'बिसावर' पड़ा, बताना।।

38. समस्या

उपजे नई समस्या पल-पल।
नहीं दृष्टिगत है कोई हल।।

***

सत्तारूढ़ बने हैं भक्षक।
केवल दावा निश्छल निर्मल।।

***

उनको देख सिहर जाता हूँ।
बार-बार कर जाते हैं छल।।

***

नाम दिया कौशल विकास का।
विकसित नहीं हो सका कौशल।।

***

ज्ञान पिछड़ता जाता हर दिन।
बढ़े तीव्र गति से धन का बल।।

39. श्रृंगार

दुश्मन छिप कर वार किया है।
हर सीमा को पार किया है।।

***

वृहद हुआ आकार प्रेम का।
तन मन पर अधिकार किया है।।

***

पुनः मुस्कुराया मिलने पर।
फिर हमको बीमार किया है।।

***

कानूनों की ढाल मिली है।
हमला कितनी बार किया है।।

***

फूट पड़ा बादल गुस्से में।
मेघ मूसलाधार किया है।।

40. छाँव-धूप

बैठ खाली हाथ अपने मल रही है जिंदगी!
कर्म के अनुरूप शायद फल रही है जिंदगी!!

***

गिर पड़े जो लोग उठ कर लड़खड़ाते चल रहे!
सज्जनों को, दुर्जनों की छल रही है जिंदगी!!

***

नाम देकर छाँव का इसको रखा है धूप में!
है विवश इस संघटन में ढल रही है जिंदगी!!

***

क्या करोगे जान कर तुम इस हृदय की वेदना!
जान तो अब है नहीं पर चल रही है जिंदगी!!

***

है 'बिसावर' कुछनहीं हम गर्व जिसपर करसकें!
स्वप्न में , पर खूबसूरत पल रही है जिंदगी!!

41. कब तक

किसे कितना परखना है, कहाँ पर, और फिर कब तक!
न बैठें काठ के बन कर कि पहुँचे बात ही ढब तक!!

***

किसी पथ पर नहीं अच्छा, बिना समझे सफर लंबा!
पता खतरे नहीं चलते, न खाएँ ठोकरें जब तक!!

***

कहा राजा कि होगा एक-सा उद्धार सब का ही!
दशक बीते, नहीं पहुँची मदद लेकिन यहाँ सब तक!!

***

सुनो सब की, करो मन की, पुराने लोग कहते हैं!
किसी की बात मानी थी तभी यह हश्र है अब तक!!

***

गरीबी को घटाना था , गरीबों को घटाया है!
न जब तक खत्म कर दें, वे रुकेंगे ही नहीं तब तक!!

42. बादल काले

घिरे निराशा के, जीवन में बादल काले हैं।
आशा की किरणों ने जीवित रखे उजाले हैं।।

***

प्रेम द्वेष से कई गुना ताकतवर होता है।
बुरी सोच ने केवल मन में घोंपे भाले हैं।।

***

अवसर आने पर मालिक उपहार थमाता है।
आलय-निलय-हृदय नौकर के नित्य उबाले हैं।।

***

पाला जो कुत्ता अक्सर उसको ही काट गया।
सर्प उसी को काट गए वे जिसने पाले हैं।।

***

मुखपर ताला उचित, गलत जब पड़े विचारों पर।
नई सोच से खोले गए पुराने ताले हैं।।

43. मृत्यु से भीख

कूदती, फाँदती, नाचती जिंदगी।
फिर रही रात दिन दौड़ती जिंदगी।।

***

कौन है काम पर, कौन है काम का।
तोलती, मोलती, नापती जिंदगी।।

***

शक्ति है, रौब है, दंभ भी है बहुत।
देख दर्पण स्वयं टोकती जिंदगी।।

***

रूप, यौवन सभी हैं न साथी सगे।
कह रही एकदिन हाँफती जिंदगी।।

***

आदमी तुच्छ हो या बड़ा हो बहुत।
मृत्यु से छूट कुछ चाहती जिंदगी।।

44. सीनाजोरी

अति की बढ़ी कमीशनखोरी।
भरे तिजोरी, बक्सा, बोरी।।

***

दाढ़ी में दर्जन भर तिनके।
वे भी करते सीनाजोरी।।

***

पंचायत छः बार हो गई।
है, थी जहाँ वहीं पर मोरी।।

***

नहीं एक-सा भाग्य सभी का।
सुनी न सबने माँ से लोरी।।

***

नानक जी बेदाग ले गए।
अपनी कहाँ चुनरिया कोरी।।

45. ईगो

तीर चढ़ाए तनी कमान।
लगता कठिन बचाना जान।।

***

घर में हालत नौकरों-सी।
घर के बाहर हैं दीवान।।

***

दिन भर झूठ बोलते लोग।
पकते नहीं किसी के कान।।

***

उठते साढ़े सात बजे।
जिम जा रहे बढ़ाने शान।।

***

बढ़ी व्यक्ति की ईगो खूब।
घटे दूसरों का सम्मान।।

***

रचा स्वयं लड़की ने ब्याह।
क्या होगा अब कन्यादान।।

***

मानवता के लिए जिए।
कहलाए वे लोग महान।।

46. पता कीजिए

रात रात भर क्यों जगता है पता कीजिए??
किस किस से बातें करता है पता कीजिए??

***

दफ्तर में कम देखा उसको बहुत दिनों से।
घर पर भी कम ही मिलता है पता कीजिए??

***

हो डिजिटल अरैस्ट तो नहीं गया है बंदा!
खोया-पाया सा दिखता है पता कीजिए??

***

अधिक ज्ञान की कहाँ जरूरत है जीवन में?
बिगड़ा फिर कैसे बनता है पता कीजिए??

***

मधुर बोल कर हृदय सभी का जीत रहा है।
क्या मुख में मिश्री रखता है पता कीजिए??

47. अवसरवादी

जटिल नहीं है बात हमारी बिल्कुल सीधी-सादी है।
मलमल से भी कहीं कीमती नेताओं की खादी है।।

***

गौशाला में बदल गया है वही पुराना कट्टीघर।
वह भी अवसरवादी ही था यह भी अवसरवादी है।।

***

ठेका है देशी शराब का और एक अंग्रेजी का।
दोनों का अनुज्ञापी पर कागज में समाजवादी है।।

***

तीन बालकों की अम्मा है, एक बहू भी है उसकी।
बन-ठन कर निकली है जैसे हुई आज ही शादी है।।

***

आशा भरी बात करते अब लोग जोकि अवसादी थे।
खुले सोच वाले मन को ही मिल पाती आजादी है।।

48. कुल मिलाकर

आदमी को आदमी हर दिन नचाता कुल मिलाकर।
आदमी ही आदमी के काम आता कुल मिलाकर।।

***

कुल मिलाकर बात यह है दोहरा हर व्यक्ति होता।
जब दिखाना हो जरूरी मुँह छिपाता कुल मिलाकर।।

***

कर्ज लेकर भूल जाता , माँगने पर रूठ जाता।
टोकने पर बात हँस कर टाल जाता कुल मिलाकर।।

***

सीख जाता पेट भरना भूख लगने पर निठल्ला।
सब दिया माँ-बाप का तबतक लुटाता कुलमिलाकर।।

***

कल वही था सेठ जो अब खुद मुनीमी कर रहा है।
जोड़ता है दाम से हर व्यक्ति नाता कुल मिलाकर।।

49. स्वांग

रंग जमा दो फिर से बाबा।
स्वांग रचा दो फिर से बाबा।।

***

धूमधड़ाका करते हो तुम।
धूम मचा दो फिर से बाबा।।

***

चक्र सुदर्शन की छवि न्यारी।
रूप दिखा दो फिर से बाबा।।

***

सरकारें तो पगलाई हैं।
इन्हें गिरा दो फिर से बाबा।।

***

तुम तो सर्वशक्तिशाली हो।
मृत्यु भगा दो फिर से बाबा।।

50. मनमाने

शत्रु पड़े हम को अपनाने।
दिन आए ऐसे मनमाने।।

***

छिप छिप कर रोया करते हैं।
लोग परेशानी क्या जाने।।

***

बिना काम धंधे क्या होगा।
क्या मन में बर्बादी ठाने।।

***

कौन समय से जीत सका है।
चित्त हुए हम चारों खाने।।

***

निकले तुम तो मूर्ख 'बिसावर'।
सुनते थे हो बड़े सयाने।।

51. न छीनो

जीने का अधिकार न छीनो।
हरा-भरा संसार न छीनो।।

***

पेट तुम्हारा नहीं भरेगा।
भिक्षुक का आहार न छीनो।।

***

आह पड़ेगी भारी तुमको।
प्रेमी-जन का प्यार न छीनो।।

***

साथ न कुछ ले जा पाओगे।
दुर्बल का भंडार न छीनो।।

***

लूट रहे हो दाना-पानी।
जीने का आधार न छीनो।।

52. झूठा चोला

पहन रखा है झूठा चोला।
सत्य नहीं वर्षों से बोला।।

***

गुड़ से भी मीठी है कथनी।
करनी जैसे साँप-सपोला।।

***

गारंटी देता है नेता।
रखता अलादीन का झोला।।

***

पाँच किलो में तुले गरीबी।
राशन मुफ्त देख मन डोला।।

***

डी बी टी कहने को सीधी।
फिरे बैंक-तहसील झमोला।।

***

नास्त्रेदमस कह गए पहले।
समय तोलता माशा-तोला।।

53. राम

सुखद नहीं परिणाम हुए हैं।
हम फिर से नाकाम हुए हैं।।

***

अहंकार की सीनाजोरी।
लगे सब जगह जाम हुए हैं।।

***

नेट किया इंटर जीवन में।
सबके खुले लगाम हुए हैं।।

***

बंबे की पटरी पर मंदिर।
अपने चारों धाम हुए हैं।।

***

कृष्ण पधारे कुछ दिन पहले।
आदिकाल में राम हुए हैं।।

54. रातें अनसोई

दिल में पीर बड़ी है माना।
मत होंठो पर उसको लाना।।

***

नहीं किसी को रुचि है कोई।
सुने हृदय से उसे सुनाना।।

***

कभी रहें रातें अनसोई।
खुशियों भरे गीत तब गाना।।

***

केवल घर ही घर होता है।
कभी छोड़ घर को मत जाना।।

***

सच्चे अब न प्रेमिका-प्रेमी।
अपने बन दिखला दें थाना।।

55. पिताजी

राग रंग लय तान पिताजी।
आन बान सम्मान पिताजी।।

***

पिछड़ापन छल और कपट में।
पर सदगुण की खान पिताजी।।

***

नहीं कौन खाया या सोया!
रखते थे सब ध्यान पिताजी।।

***

दिन भर खेत किसानी करते।
रात चोर पर कान पिताजी।।

***

काम अधूरा नहीं सुहाता।
लिए कभी जो ठान पिताजी।।

***

याद अधिक आते हैं सब को।
घर आते जब धान पिताजी।।

***

सीखा सत्य अहिंसा तुम से।
जारी है अभियान पिताजी।।

56. अंगारे लिख

सूरज चंदा तारे लिख।
हिमगिरि, नदी, किनारे लिख।।

***

दर्रों से गिरते झरने।
कैसे बनते धारे लिख।।

***

भला, शहर का क्या लिखना।
गाँव , गली , चौबारे लिख।।

***

भूल न जाना पनघट को।
घटनाक्रम तू सारे लिख।।

***

लिख हुक्कों की गुड़ुर-गुड़ुर।
चिलम और अंगारे लिख।।

***

मत खुशियाँ ही लिखता रह।
कष्ट सहे जो खारे लिख।।

57. होने दो

निज हृदय को सद्गुणों की खान होने दो।
अवगुणों का सत्य अनुसंधान होने दो।।

***

काम करना ही जगत में है सही पूजा।
मत स्वयं को काम का सामान होने दो।।

***

दूसरों का दुख समझना बात अच्छी है।
जिंदगी अपनी न, पर बलिदान होने दो।।

***

साथ देंगे लोग जब तक पास में धन है।
धन लुटाकर घर न निज शमशान होने दो।।

***

जो पखेरू उड़ गए वापस नहीं आए।
कीजिए कुछ, घर न यों वीरान होने दो।।

58. शुरू किया

समझाया बहुत बुजुर्गों ने, कब हमने जीवन शुरू किया।
जब लगीं ठोकरें तभी स्वयं का भी मूल्यांकन शुरू किया।।

***

लुट गया खेलने में बचपन, तो यौवन धूम-धड़ाकों में।
नदिया का पानी ठहरा तब, जीवन का दर्शन शुरू किया।।

***

कल खूब नचाए थे मन के, ऐरे - गैरे नत्थू - खैरे।
जब दर्द बढ़ा तो औरों ने, उसका भी नर्तन शुरू किया।।

***

आ गया बैठना पदमासन, अनुलोम-विलोम रहे करते।
जब चाल समय की बदली तो, सबने शीर्षासन शुरू किया।।

***

क्या खोया-पाया जीवन में, यह नहीं कभी कुछ भी सोचा!
जब अटकी गाड़ी दलदल में तब, ऐसा मंथन शुरू किया!!

59. पता नहीं

घर का पता नहीं उसके आँगन का पता नहीं।
कैसे खर्च चलाता है, साधन का पता नहीं।।

***

इतना पता चला वह एक आदमी अच्छा है।
लेकिन आगे-पीछे के जीवन का पता नहीं।।

***

रूप देखकर एक दूसरे का बस , प्रेम हुआ।
अभी प्रेमिका को प्रेमी के मन का पता नहीं।।

***

कल तक उनमें बोलचाल थी, आज दिखे रूठे।
बना अचानक क्या कारण, अनबन का पता नहीं।।

***

चलते-चलते रुके न जाने क्यों रथ के पहिए।
आगे मरुथल, दलदल या फिसलन का पता नहीं।।

60. ठीक नहीं

बात-बात पर देना ताना, ठीक नहीं होता है।
प्रियतम की माँगें ठुकराना, ठीक नहीं होता है।।

***

व्यक्ति बाध्य है, काम कराने बार-बार जाएगा।
बार-बार चक्कर लगवाना, ठीक नहीं होता है।।

***

धन से भोजन क्या, सारा होटल खरीद सकते हो।
आए दिन बाहर का खाना, ठीक नहीं होता है।।बार

***

कितनी शाखों में से कुछ ही फलतीं और फूलतीं।
काँटे-फूल एक बतलाना, ठीक नहीं होता है।।

***

निंदा सबसे बड़ा पाप है, कहते वेद उपनिषद।
दीवारों से कान लगाना, ठीक नहीं होता है।।

61. रतियाँ

सपनों में आया मत कर।
या वापस जाया मत कर।।

***

जाग-जाग बीतीं रतियाँ।
ऐसे तड़पाया मत कर।।

***

लट बादल जैसी घिरतीं।
हर दिन उलझाया मत कर।।

***

लग जाएगी नजर तुझे।
इतना इतराया मत कर।।

***

लोग रूप पर मरते हैं।
जुल्म अधिक ढाया मत कर।।

62. बचपना

दंभ से झूठा तना है।
सत्य फिरता अनमना है।।

***

नेटवर्किंग बढ़ गई है।
पाप का धंधा घना है।।

***

कहता है सी-सी-टी-वी।
व्यक्ति कालिख से सना है।।

***

रिश्वतखोर सहोदर निकला।
लूट की माँ ने जना है।।

***

तंत्र से लड़ना कि मरना।
सोचना ही बचपना है।।

63. समय

जीतेगा या हारेगा।
यह तो समय बताएगा।।

***

अपना काम स्वयं ही कर।
कब तक किस पर टालेगा।।

***

सेठ नौकरी देता है।
जब चाहे तब डाँटेगा।।

***

खुद की मुट्ठी है खाली।
भला किसी को क्या देगा।।

***

जल से भरा हुआ बादल।
बरसा तो अति बरसेगा।।

64. खलबली

जब भ्रमर से मिली खुश कली, हो गई।
मन मचलने लगा, मनचली हो गई।।

***

रूपरानी, परी लोग कहने लगे।
बोल सुनते हुए बावली हो गई।।

***

फूल देने कई लोग आने लगे।
फूल वाली हमारी गली हो गई।।

***

एक दिन कुछ भ्रमर आ झगड़ने लगे।
प्रेम के पंथ में खलबली हो गई।।

***

मुस्करा के मना उन सभी को लिया।
भूल की पर सभी की भली हो गई।।

65. चूल्हा

नाम अमर, मरता है काफी।
धूल, धूप सहता है काफी।।

***

चूल्हा नहीं जला है कल से।
व्यक्ति किंतु सजता है काफी।।

***

हृदय पड़ा घावों से घायल।
परदों से ढकता है काफी।।

***

छिपा रखी है छुरी बगल में।
व्यक्ति भला लगता है काफी।।

***

हँसी अधर पर बनावटी है।
वह हमसे जलता है काफी।।

66. मुस्कान

होंठों पर मुस्कान रखा कर।
मत भौंहों को तान रखा कर।।

***

जीवन स्वयं बहुत भारी है।
पथ में कम सामान रखा कर।।

***

तीन चार जुड़ आठ न होते।
जीवन को आसान रखा कर।।

***

जोड़-तोड़ कर दाम कमाया।
थोड़ा हिस्सा दान रखा कर।।

***

सूनापन पसरा शिखरों पर।
चढ़ते हुए ढलान रखा कर।।

67. परछाइयाँ

लंबाइयाँ बढ़ती गईं चौडाइयाँ बढ़ती गईं।
सूर्य उतरता गया परछाइयाँ बढ़ती गईं।।

***

काम जच्चा-बच्चा के होते घरों में थे सभी।
अस्पताल बढ़ते गए अब दाइयाँ बढ़ती गईं।।

***

फेसबुक देखे बिना भोजन उतरता कब गले।
कमल नयनों में इसलिए झाइयाँ बढ़ती गईं।।

***

बन गई हैं औपचारिक वस्त्र ही अब साड़ियां।
अपर लोअर जींस शर्ट टाइयाँ बढ़ती गईं।।

***

सत्य मुँह दाबे पड़ा है झूठ के जलवे बढ़े।
याचिका से न्याय की लंबाइयाँ बढ़ती गईं।।

68. कर्म-फल

छटपटाता ही रहेगा जान ले ओ बावले।
किसी दबंग व्यक्ति के यदि आ गया पँजे तले।।

***

कब किसी का साथ देते राजनीतिक मित्रगण?
शर्त उस व्यवसाय की है मापदंड दोगले।।

***

क्यों तुझे आशा भुला देगा पुरानी गलतियां?
वह कि जो नजदीक वाले रिश्तेदार को छले।।

***

आप जो भी काम करते हैं उसे करते रहें।
सुख मिले या दुख मिले वह टालने से कब टले??

***

कर्म का सिद्धांत जगत में एकमात्र सत्य है।
कर्म के बिना कहाँ पूजा, पाठ, आरती फले।।

69. जेल

जीवन मन का खेल है।
मन का मेल सुमेल है।।

***

रेल वही जो चली चले।
रहती खड़ी धकेल है।।

***

मजदूरी कर स्वेद बहे।
समझो बहता तेल है।।

***

फल छाया है कर्मों की।
भले पास या फेल है।।

***

तेज दौड़ते हैं घोड़े।
डाली गई नकेल है।।

***

मत जीवन को नर्क कहो।
यह अनुशासित जेल है।।

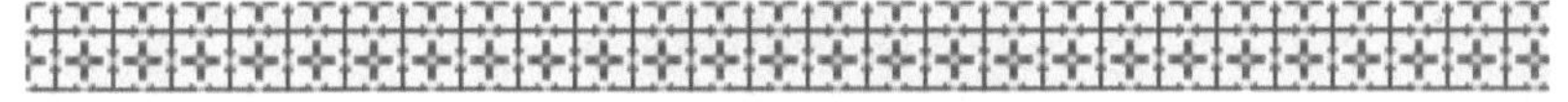

70. हमारी माँ

केवल हाथ समय के न्याय।
अन्य सभी झूठे अध्याय।।

***

रोटी से ही भूख मिटे।
नीर अकेला प्यास बुझाय।।

***

नारी एक हमारी माँ।
माता नहीं हमारी गाय।।

***

त्रेता या द्वापर अच्छा!
क्यों न रहा कोई बतलाय!!

***

वृंदावन में पाप बढ़ा!
वहाँ 'बिसावर' अब क्यों जाय!!

71. पानी

सूखेंगे ये नदी सरोवर नहीं बचेगा पानी कल।
रहीं बताती यही सयानी हमको दादी नानी कल।।

***

उचित आज का काम आज ही कल पर जोर नहीं चलता।
जैसे गई किशोरावस्था बीते सखे जवानी कल।।

***

क्या अमीर क्या गरीब कोई फिक्र नहीं अब करता है।
जल संरक्षण नहीं किया तो होगी अलग कहानी कल।।

***

नहीं दे रहा भाव मित्र कोई तो मरजी है उसकी।
अहंकार में तुमने भी तो अपनी-अपनी तानी कल।।

***

नहीं भरोसे बैठ भाग्य के, भाग्य कर्म से ही निर्मित।
वही आज पहुँचा चोटी पर जिद जिसने थी ठानी कल।।

72. ठीक है

आँधियों से, बिजलियों से भागना ही ठीक है।
जिंदगी की गाड़ियों का खींचना ही ठीक है।।

***

मान-मर्यादा बताई है निभाने के लिए।
फूल को तोड़ें नहीं बस देखना ही ठीक है।।

***

फेसबुक, रीलें चला कर नींद आती है किसे।
सिरफिरे यह सोचते हैं ऊँघना ही ठीक है।।

***

जो समझता मान उसका ज्ञान उसको बाँटिए।
जब सयानों से घिरे हों बचपना ही ठीक है।।

***

पेट भरने को जरूरी हैं 'बिसावर' रोटियां।
जो न माँगे बिन परोसे माँगना ही ठीक है।।

73. बारह आना

कड़वी हो या बात कसैली, बिना मिलावट सत्य बताना।
कल अच्छे दिन आएंगे यह, कह कर और न तुम बहलाना।।

***

नहीं मनुज का वश चलता है, जीवन के सब आयामों पर।
आगे-पीछे होकर रहता, जो होना यह सबने माना।।

***

हम सच रहे पूछते हर दिन, लेकिन नहीं बताया तुमने।
सच जैसा था या फिर वैसा, जैसा लगे झूठ का बाना।।

***

निंदा की बातें मीठी भी, होकर स्वादहीन होती हैं।
मूल्य रुपैया हो यदि उनका, मिलता केवल बारह आना।।

***

जीवन की कड़वी सच्चाई, मधुमय वाणी में ही कहिए।
तभी 'बिसावर' बना रह सके, मिलना-जुलना आना-जाना।।

74. पोषक-शोषक

साहूकारी कभी जताए, कभी-कभी लगता है याचक।
मन में उछल-कूद करता है, होता एक प्रौढ़-सा बालक।।

***

मानव के मन की सीमाएं, बड़ी असीमित कहीं जगत ने।
जो कि रहा पोषक निर्धन का, वही गया देखा बन शोषक।।

***

आधा पागल हुआ आदमी, रील फेसबुक के चक्कर में।
बात करो तो चुप्पी साधे, वैसे करता रहता बक-बक।।

***

अति को बुरा बताया जग में, लागू आभासी जग में भी।
युवा गँवाए चाह प्रेम की, दिल न किसी का करता धक-धक।।

***

लेखनी हर दिन लिखाती, अजनबियों की कथा-कहानी।
कब लिखूं अपनी कहानी, क्या गढ़ूँ उसका कथानक??

75. अगला साल

मचा भले ही धूम धमाल।
तनिक समझना जीवन चाल।।

***

क्यों दुख की चलते हो राह।
कल कैसे बदलेगा हाल।।

***

करते केवल अपनी बात।
लोग न पड़ें जगत जंजाल।।

***

जातिवाद की भली न सोच।
देती टोपी कहीं उछाल।।

***

जीवन की रोटी ले सेंक।
सीख गलेगी कैसे दाल??

***

बात सदा ही रखिए याद।
गहरे होते ठहरे ताल।।

***

बुरे समय को भूलो मित्र।
सोचो, शुभ हो अगला साल।।

76. संभावना

कहीं किस्से कहीं गाने सुनाने में लगे हैं जी।
कहीं आकाश के तारे दिखाने में लगे हैं जी।।

***

किया है ही नहीं जो काम उसकी खूब है चर्चा।
मगर जो कर रहा उसको गिराने में लगे हैं जी।।

***

नहीं कुछ चूकते मौका कि पहुँचे गर्त में दुनिया।
दबा है जो कहीं मुद्दा उठाने में लगे हैं जी।।

***

दिखाऊ हो गई दुनिया दिखाना काम है केवल।
अधिकतर लोग अब बातें बनाने में लगे हैं जी।।

***

'बिसावर' है कहाँ संभावना इंसान बच पाए?
कि मिलकर हम सभी जिसको मिटाने में लगे हैं जी।।

77. खतरे में है

दुविधाओं ने घेर रखा है, मन चंचल खतरे में है।
बिना काम के नव-युवकों का, ज्यों पल-पल खतरे में है।।

***

ठेकेदारी की नौकरियां, खेल साँप-सीढ़ी जैसा।
खतरे में है आज किसी का, या फिर कल खतरे में है।।

***

सुलझा मन ही सुलझा सकता, उलझी हुई पहेली को।
मन हो उलझा हुआ किसी का, तो फिर हल खतरे में है।।

***

राजनीति तो गंदी ही थी, आज हुई दुर्गंध भरी।
सब दल-नेता रहें सोचते, अपना दल खतरे में है।।

***

अतिवादी है सबमर्सीबल, नलकूपों की तकनीकी।
नित्य उतरता है जल का तल, हत्था-नल खतरे में है।।

78. लगे रहो

कठिनाई आती हर पथ पर, लगे रहो।
करना हमको कार्य निरंतर, लगे रहो।।

***

अवसर मिले, त्याग कर आलस, दौड़ पड़े।
वरना पछताते जीवन भर, लगे रहो।।

***

चैट और मिसकॉल भेजते, मिले नहीं।
अर्थहीन यदि नहीं मिले घर, लगे रहो।।

***

भाग-दौड़ करनी पड़ती है यहां-वहाँ।
बन सिकलीगर या जादूगर, लगे रहो।।

***

इधर गाय कर, उधर दूध कर तथा चाय कर।
आना है पीने वाला कर, लगे रहो।।

***

लेकर बल्ला-गेंद लोग मैदान गए।
तुम घर छोड़े नहीं 'बिसावर', लगे रहो।।

79. नया-पुराना

पुरानी वस्तुओं में ज्ञान का भंडार भी होगा।
नयापन किंतु उनके रूप का विस्तार भी होगा।।

***

पुराना यदि नहीं होता नया जग किस तरह बनता!
नई यदि सोच होगी तो नया व्यवहार भी होगा।।

***

बिना हथियार के सैनिक लड़ेंगे किस तरह रण में।
नई पतवार से नाविक नदी के पार भी होगा।।

***

गरीबों की झुपडिया तो खुला दरबार होती है।
बड़े घर में हमेशा एक पहरेदार भी होगा।।

***

हटाने को हटा देना पुरानी वस्तुएं घर से।
बुजुर्गों के लिए मन में तनिक सा प्यार भी होगा।।

80. चिट्ठी

शरद पूर्णिमा थी न उजाली, चिट्ठी किसे लिखें अब!
आने को है निकट दिवाली, चिट्ठी किसे लिखें अब!!

***

अब के मेघ देर तक बरसे, तरस किसान रहे हैं!
खेत पड़े खाली के खाली, चिट्ठी किसे लिखें अब!!

***

चूड़ी खनके नहीं , नहीं बजती कोई पायलिया!
नेटवर्क में जीजा-साली , चिट्ठी किसे लिखें अब!!

***

आधी रात हुई तो सपने में आ गई दुल्हनिया!
सता रही अधरों की लाली, चिट्ठी किसे लिखें अब!!

***

याद दिलाता तोता मैना को वसंत ऋतु आई।
झुकी गुलाबों की हर डाली, चिट्ठी किसेलिखें अब!!

***

सैंया थानेदार तथा है हवलदारनी सजनी।
बने बाग के मालिक माली, चिट्ठी किसेलिखें अब!!

परिशिष्ट

<u>हिन्दी सजल में सांप्रदायिक सद्भाव</u>

- अमर अद्वितीय 'बिसावर'

****

कहते हैं कि साहित्य समाज का दर्पण होता है। इस बात को अनेक साहित्यकारों ने विभिन्न रूप में व्यक्त किया है। साहित्य समाज में होते हुए परिवर्तन को, साहित्यकारों की दूरबीन और सूक्ष्मदर्शी लेखनी के माध्यम से देखता है। जो साहित्यकार समाज के विषयों को लेखनीबद्ध करते समय आँच पर नहीं पकाते, वे बहुतायत में अपनी पीढ़ी के साथ ही सिमट जाते हैं।

लेखन कार्य करने का मार्ग सरल नहीं है बल्कि एक कठिन तथा जोखिम भरा पथ है जिसमें लेखक को पग-पग पर विभिन्न चुनौतियों का सामना करना पड़ता है। इस संसार में जिसका सबसे अधिक विरोध होता है वह है सच कहना। गंभीर लेखक और कवि अपनी रचनाओं के द्वारा सत्य को उजागर करने का प्रयास करते हैं और इसलिए वे उन लोगों को शत्रु प्रतीत होते हैं जो उस विषय से प्रभावित होते हैं। समाज के अधिकतर विषय जैसे आर्थिक, सामाजिक, सांस्कृतिक, धार्मिक, पारिवारिक, शिक्षण, बेरोजगारी आदि बहुत गंभीर बिंदु हैं लेकिन एक विषय जो किसी ज्वलनशील पदार्थ की तरह है- साम्प्रदायिक सद्भाव, जिस में बहुत कम लेखक और कवि अपनी तूलिका चलाते हैं। मैंने ऐसे अनेक रचनाकारों की सजलों को पढ़ा है और उनके सशक्त पदिकों को चुन कर एकत्रित किया है जो साम्प्रदायिक सौहार्द को स्थापित करने को अपने लेखन में प्रमुखता देते हैं। इस अंक में, इस विषय को लेकर विवेचना करने से पूर्व, उनकी साहित्यक प्रतिबद्धता के लिए मैं उन सब को सधन्यवाद प्रणाम करता हूँ।

<u>हिंदी सजलों में सांप्रदायिक सद्भाव की उपस्थिति -</u>

हिंदी साहित्य की नवीन काव्य विधा सजल की आधिकारिक घोषणा ०५ सितम्बर २०१६ को मथुरा (उ प्र) में अनेक समृद्ध साहित्यकारों के

• 81 •

चिंतन-मंथन के बाद की गई। तब सर्वप्रथम एक साझा सजल संग्रह 'सजल सप्तक-१' का प्रकाशन किया गया जिसमें कई सजलकारों की सजलें थीं। आगे चलकर सजल सप्तक-१ से सजल सप्तक-१० तक एक श्रृंखला के रूप में प्रकाशित किया गया। अब तक, १५ सजल शतक भी प्रकाशित हो चुके हैं। इसके अतिरिक्त, डॉ महेश दिवाकर, मुरादाबाद ने सजल दशक की शृंखला का संपादन किया, इसमें प्रत्येक अंक में, दस सजलकारों को सम्मिलित होने का सौभाग्य प्राप्त हुआ। साथ ही, डॉ अनिल गहलौत, मथुरा ने सजल अष्टक की श्रृंखला के संपादन का शुभारंभ किया है जिसमें आठ सजलकारों की १४-१४ रचनाएं संकलित रहती हैं।

सजल की स्थापना के साथ ही, वरिष्ठ सजलकारों के एकल संग्रह प्रकाशित होने लगे। मेरे अनुमान से, विभिन्न कवियों के सौ से अधिक सजल संग्रह प्रकाशित हो चुके हैं, जिनमें मुझ अल्पज्ञ ने भी चार संग्रह प्रकाशित कर इस महायज्ञ में अपनी सामग्री अर्पित की है। आइए, अब आपके समक्ष सजल काव्य में, सजलकारों द्वारा साम्प्रदायिक सद्भाव के प्रति सशक्त सृजन को प्रस्तुत करते हैं।

सजल शतक-१ से बात प्रारंभ करते हैं जो सजल यात्रा का प्रथम रथ बना, जिसमें पच्चीस सजलकारों की सहभागिता रही। इसमें सजल ऋषि श्री ईश्वरी प्रसाद यादव की सजलों की भाषा-शैली शुरुआती दिनों में भी उत्कृष्ट रही, जहाँ अन्य कवि मात्रा-पतन का सहारा लेते रहे थे। साम्प्रदायिक सद्भाव पर उनके दो पदिक देखें...

सोच बारूदी नहीं होगी उरों में।
विश्व में सुख शांति का अनुभास होगा।।
खिल उठेंगे प्रेम के सुरभित सुमन भी।
जब परस्पर द्वेष का वनवास होगा।। पृ०२३

युवा सजलकार दिनेश रोहित चतुर्वेदी ने भी निम्नलिखित पदिक में अपने अनुभव साझा करने का प्रयास किया

मत किसी के प्रति कभी दुर्भाव रख।
हर किसी को प्रेम का निर्यात कर।। पृ०३७

चित्तौड़गढ़(राज०) के प्रखर साहित्यकार श्री यशपाल शर्मा 'यशस्वी' एक सजल के द्वारा अपनी बात रखते हैं...

द्वेष-दंभ में उलझ, नेह की नदी रुकी।

पूर्व आग्रही न बन, यत्न को पहाड़ कर।। पृ० ५७

आगे डॉ रानी कंचन लता की सजल का एक पदिक मेरे सामने है, देखें

...

बाँटा था जाति-धर्म के खाँचों में आज तक।

बदली हवा ने दिखला दिया सबको जोड़कर।। पृ० ६६

उपरोक्त सभी सजलकारों की सजलों से प्रमाणित होता है कि हिंदी सजल में साम्प्रदायिक सौहार्द बनाए रखने वाले विषय को सदैव प्रमुखता दी गई है।

वरिष्ठ कवि श्रेष्ठ यायावर साहब एक सजल में व्यंग्य कसते हुए लिखते हैं...

बंदूकें, गोलियाँ, लाठियाँ। नेताजी पर बल ही बल है।।

जबलपुर निवासी विनीता श्रीवास्तव जी एक सजल में लिखती हैं...

उगाएँ फसल प्रेम की सर्वदा। जिएं हम हमेशा अमन के लिए।।

कहीं द्वेष-दंगा, कहीं लूट है।

लड़ें हम उन्हीं के शमन के लिए।। पृ० ७५

इस सजल शतक में वरिष्ठ सजलकार व सजल ऋषि श्री विजय राठौर की सजलें भी हैं। देखिए उनकी रचना से एक पदिक...

जले शिवालय या फिर मस्जिद, गुरुद्वारा या गिरजाघर।

सेंक रहे वे अपनी रोटी, आग लगा कर बैठे हैं।। पृ० ८३

सजल यात्रा को आगे बढ़ाने में नारी सजलकारों की प्रारंभ से ही अच्छी भूमिका रही है। श्रीमती सुनंदा झा 'सीप' की सजल का एक पदिक आपके हृदय को छू जाएगा...

आड़ धर्म की लेकर सारे बातें बड़ी-बड़ी करते हैं।

सच तो है वह 'सीप' घात में, बैठे हैं दंगे भड़काने।। पृ० १०६

आलेख को आगे बढ़ाते हुए सजल शतक-२ की सजलों का अवलोकन करते हैं और साम्प्रदायिक सद्भाव के विषय पर लिखने वाले सजलकारों

की कुछ पंक्तियाँ प्रस्तुत करते हैं।

श्री बी एस आनन्द ने व्यंग्य करते हुए कहा है...

छाप, टोपी और तिलक श्रृंगार केवल हो गए।

अब धर्म के नाम पर सब कुछ यहाँ चलने लगा।। पृ० ५४

श्रीमती रेखा लोढ़ा ने सम्प्रदायिकता के दुष्प्रभाव को कुछ इस तरह से व्यक्त किया...

तोड़ दी दीवार, गाड़ी फूँक डाली।

हाथ इसमें भीड़ के उन्माद का है।। पृ०७७

कविवर श्री राजकुमार महोबिया ने सामाजिक सद्भाव को ऐसे व्यक्त किया...

जाति-पांति नफरत फिर फैली।

किसने कुछ क्या किया राम जी।। पृ०६२

श्री विमल उपाध्याय ने इस विषय को जोर देकर उकेरा है...

भावना हो विश्व के बंधुत्व की।

है कठिन, रिश्ता निभाना चाहिए।।पृ० ९४

सजल ऋषि से सम्मानित श्री विजय राठौर ने एक पदिक में अपने विचार प्रस्तुत किए...

गाँव शहर का पिछलग्गू है, चौपालों में राजनीति है।

लौटाएँ भोलापन गाँवों का यह भी आसान नहीं है।। पृ०८८

वर्ष २०२१ में १० सजल शतक संग्रहों का प्रकाशन हुआ है। देखते हैं सजल शतक-३ में सम्मिलित ऐसी सजल रचनाओं को जिनमें साम्प्रदायिक सौहार्द के विषय को विभिन्न प्रकार से उठाया गया है।

पुस्तक के प्रारंभ में श्रीमती आशा भारद्वाज की सजलें हैं। उन्हीं के रचित कुछ पदिक ...

अन्यायों का आक्रोश मचा। जाने किसने ये व्यूह रचा।। पृ० २८

गया प्रसाद मौर्य 'रजत' आगरा से अपनी सजलों में लिखते हैं...

मनुज में मनुजता झलके। ऐसी रीति चला दो रे।। पृ० ४१

डॉ योगेश कुमार निर्भीक द्वारा कहा गए पदिक देखें कि...

हर तरफ बोलबाला दानवता का।

मानवता विवश हुई दुखियारी है।। पृ॰ ५०

कटनी से वरिष्ठ साहित्यकार श्री विजय बागरी 'विजय' अपनी एक सजल में कह रहे हैं...

मानवी संवेदनाएं हाशिए पर आ गईं।

देख ओछी धारणाएँ मैं ठगा सा रह गया।।

द्वेष का दुर्भावना का चौगुना विस्तार है।

प्यार की गहराइयों का कोश आधा रह गया।। पृ॰ ७५

डॉ शशि जोशी शशी का एक सशक्त पदिक आपके सामने रखता हूँ...

हो गया है हर तरफ संदेह का वातावरण।

मानवों की जब से कलुषित भावनाएँ हो गईं।। पृ॰ ८७

वरिष्ठ हिंदी साहित्यकार डॉ श्यामसनेहीलाल शर्मा ने सजल यात्रा के प्रारंभ से ही सजल लेखन में उचित योगदान दिया है। उनकी रचनाओं में एक स्तरीय गाम्भीर्य स्पष्ट दिखता है...

लोग हँस कर गले मिल रहे हैं सभी।

मीत सद्भाव का आज सत्संग है।।

नेह के रंग में सब रँगे इस तरह।

सब घृणा धुल गई, मिट गई जंग है।। पृ॰ ९८

इसी संग्रह में एक और गुणी सजलकार हैं, कन्नौज के डॉ संतोष कुमार सिंह 'सजल'। आइए जानें उनकी रचनाओं में सामाजिक सद्भाव के विचारों को...

प्रेम नहीं आता है जिनको बैरी हैं वे मानवता के।

सदा बीज बोते विरोध का, उनको तगड़ी मार चाहिए।। पृ॰ १०६

और इस संग्रह के अगली सजलकार हैं सिद्धेश्वरी सराफ शीलू जी। उनके कई पदिक हैं यहाँ जिनकी चर्चा करना आवश्यक है...

समझे आँख, आँख की भाषा। भरा समुन्दर, फिर भी प्यासा।।

द्वेष-छल-कपट, मन में कचरा। व्यर्थ शांति-सुख की अभिलाषा।।

मन में पैनी छिपी कटारी। ऊपर बोलें मीठी भाषा।। पृ॰ १०७

अगली पुस्तक है सजल शतक -४ जिसकी सजलों का रसास्वादन करते हुए उनके प्रमुख बिंदुओं पर विचार प्रस्तुत हैं। सजल ऋषि श्री ईश्वरी प्रसाद

यादव की एक सजल में यह पदिक आपको अच्छा लगेगा...

हर जगह हहरा रही हिंसा दिनोंदिन।

अब सुनी जातीं नहीं जातक कथाएँ।। पृ० ३२

मथुरा के सजलकार श्री मूलचन्द शर्मा 'निर्मल' सामाजिक सद्भाव पर अक्सर कोई बात अपनी सजल में शामिल करते हैं जैसे...

छूटा धर्म आस्था टूटी, मानवता भी छूट गई।

राजनीति में जोड़-तोड़ ही, कुर्सी का आधार हुआ।। पृ० ५८

एक सजल सप्तक में कुल सात सजलकारों की सजलों का संग्रह होता है। इस शृंखला के सजल सप्तक-१० के सजलकारों की बात करते हुए आलेख को गति प्रदान करते हैं।

श्रीमती आशा भारद्वाज की एक बहुत प्रभावी रचना है जिसके कुछ पदिक प्रस्तुत हैं...

डाली डाली फूल खिलाना ही होगा।

काँटों बीच तनिक मुस्काना ही होगा।। पृ० ३७

इस संग्रह के अगले रचनाकार हैं डॉ प्रशांत गहलौत। साम्प्रदायिक सौहार्द पर उनकी सजलों के निम्नलिखित पदिक उल्लेखनीय हैं...

कितना भी कर लो आडंबर, पोल खुलेगी ही।

सच को कोई आडंबर झुठलाता नहीं कभी।। पृ० ६६

पुनः इस संग्रह में उपस्थित हैं डॉ श्यामसनेहीलाल शर्मा की सजलें जिनके कुछ पदिक प्रस्तुत कर रहा हूँ...

बांबियां हैं साँप की अब तो, दिलों में आदमी के।

जंगली विषधर विषैले वक्ष में पलने लगे हैं।। पृ० ९३

और इस संग्रह के अगले कवि हैं डॉ संतोष कुमार सिंह 'सजल'। प्रस्तुत हैं उनकी सजलों से कुछ पदिक सामाजिक सौहार्द पर...

दहक रही क्यों जाति-धर्म की आग, हो रहे दंगे।

द्वेष-भावना भड़क रही अब उसे बुझाना होगा।। पृ० ११८

जैसे जैसे सजल यात्रा आगे बढ़ी, सजल लेखन में व्याकरण के मानकों को अपनाने की प्रतिबद्धता पर जोर दिया गया। सजल सर्जना समिति, मथुरा के अध्यक्ष एवं अन्य वरिष्ठ कवियों ने समय-समय पर , पूर्व में

चली आ रही अशुद्धियों जैसे समांत की पुनरावृत्ति, मात्रापतन को हटाने में और यति की अपरिहार्यता के नियम बनाए और उनको यथानुसार लागू किया। वर्ष २०२२ के बाद इन बिंदुओं को सर्वमान्य कर दिया गया।

अब बात करते हैं एक और सजल संग्रह सजल शतक-११ में सजलकारों द्वारा रचे गए सशक्त वाक्यों व पदिकों की जो सामाजिक सद्भावना के प्रति उनके दृष्टिकोण को प्रदर्शित करते हैं। सर्वप्रथम मेरे सम्मुख वरिष्ठ साहित्यकार डॉ चंद्रभाल सुकुमार की रचनाओं के पन्ने खुले हुए हैं, देखिए उनके शानदार पदिकों को...

दर्द, ईद, होली है आँसू की। आहों का त्यौहार बनी कविता।। पृ० ३७

***

कौन मेरे पक्ष में है और कौन विपक्ष में।

यह समस्या आजकल कुछ और गहराने लगी।। पृ०३८

मथुरा के समृद्ध सजलकारों में एक नाम है श्री चित्रांश रजनीशराज 'ब्रजवासी' का जो बहुत गढ़ी-बुनी रचनाओं का सृजन करते हैं। वे सम्प्रदायिकता के भय को इस तरह व्यक्त करते हैं...

मजहब का आतंकी साया मँडराया है भूमंडल पर।

शंकाकुल सहमा-सहमा सा, विश्व समूचा डरा हुआ है।। पृ० ४४

सागर (म प्र) निवासी श्री ज. ल. राठौर 'प्रभाकर' एक वरिष्ठ रचनाकार हैं जिनकी सजल की शैली बहुत सुदृढ़ है। उनके कुछ पदिक प्रस्तुत हैं सामाजिक सद्भाव विषय पर...

रोको गंग-जमुन में फूट। भेदभाव होता अभिशाप।। पृ० ४६

और

प्रेम का हमने लगाया था विटप।

वह घृणा द्वारा उखाड़ा है गया।। पृ० ४७

वर्ष २०२२-२३ में डॉ अनिल गहलौत ने सजल अष्टक नाम से साझा सजल संकलनों की एक नवीन ऋंखला का शुभारंभ किया और दो सजल अष्टकों का संपादन किया। सजल अष्टक-१ में प्रकाशित हुई सजलों में सांप्रदायिक सद्भाव के कुछ उदाहरण आपके समक्ष प्रस्तुत कर रहा हूँ।

श्री ईश्वरी प्रसाद यादव की एक सजल से...

मंदिर-मस्जिद को लड़वाकर, राजनीति! मत रोटी सेंक।

सद्भावों के अमृत-कलश में, भेदबुद्धि से विष मत घोल।। पृ० २९

***

देता है उपदेश शांति का। रखता अपने हाथ गँडासी।। पृ० ४०

सामाजिक सद्भावना व्यक्त करती हुई पंक्तियां देखिए श्रीमती रेखा लोढ़ा स्मित की सजल से...

आया है मौसम त्यौहारी, ईद, तीज, राखी का।

खुशियाँ हुईं दोगुनी मन से मन की हुई मिलाई।। पृ० ८७

मथुरा के सुप्रसिद्ध कवि और बाल-साहित्य सृजक श्री संतोष कुमार सिंह की सजलों के बारे में क्या कहना! साहित्य का कौन सा पक्ष है जो कविताओं में उनकी लेखनी से बचा हो, देखें उनकी कुछ पंक्तियाँ जो विभिन्न रचनाओं से ली गई हैं...

नफरतों की नागफनियाँ, क्यों उगाए जा रहा तू?

काट उनको प्रीति बो तू, कर भला, है चाह मेरी।। पृ० १०४

एक व्यंग्यात्मक पंक्ति देखते ही बनती है...

शिक्षा मिली धर्म की उसको, लाभ उठाता है जिसका।

छुपता फिरता भले वनों में, किंतु हाथ में गन तो है।। पृ० १०७

और एक यह पदिक...

शांति-कबूतर तुमने खाए, अकड़े और चले नेता।

जड़ें बैर की गहरी कर लीं, कटुता पाली ठीक नहीं।। पृ० ११५

सजल शतक-५ में प्रकाशित की गई सजलों में भी अनेक सजलकारों ने साम्प्रदायिक सद्भाव के विषय पर अपनी कलम चलाई है।

वरिष्ठ साहित्यकार श्री ईश्वरी प्रसाद यादव प्रभावी ढँग से कहते हैं...

तोड़ने वाला कभी भी देश में नारा न हो।

हो सदा संबंध प्यारा, तिक्त या खारा न हो।। पृ० २५

और, श्री गयाप्रसाद मौर्य 'रजत' ने साम्प्रदायिक सद्भाव बिगाड़ने वालों को चेतावनी देते हुए लिखा है कि....

कर लो अनगिन जतन बीज विष बोने के कितने भी।

कटुता के अंकुर धरती पर नहीं फूटने दूँगा।। पृ० ३५

आगरा निवासी डॉ भगवती प्रसाद मिश्र अपनी बात इन पंदिकों में इस तरह प्रस्तुत करते हैं...

मुस्लिम हो, हिंदू, ईसाई, या कि पारसी हो कोई।

केवल श्रद्धा-प्रेम चाहती, अमन-चैन उजियारे हैं।। पृ० ५५

सजल शतक-५ के सजलकारों में एक नाम है श्री रमेश सिंघानिया जांजगीर से। आपने व्यंग्य करते हुए कहा है कि...

उड़ा रहे कुछ लोग दूसरों की खिल्ली।

करते हैं उपहास स्वयं की ताकत पर।। पृ० ६५

सजल शतकों की श्रृंखला के क्रम में वर्ष २०२३ तक एक दर्जन काव्य संग्रह प्रकाशित हो चुके हैं। सजल शतक-१२ अभी मेरे सम्मुख है जिसमें से, साम्प्रदायिक सौहार्द विषय पर लिखी गई पंक्तियाँ प्रस्तुत कर रहा हूँ। सर्वप्रथम प्रस्तुत हैं डॉ आर पी सारस्वत की यह पंक्तियाँ...

नहीं इतना सरल होता दिलों में मेल हो जाना।

बड़े अवरोध आते हैं विचारों की रवानी में।। पृ० २३

मुंबई से डॉ जे पी बघेल बड़ी बेबाकी से अपनी बात रखते हैं इस विषय पर...

बो कर दाने घृणा-द्वेष के क्या उपजेगा सोचो।

दरकेंगे संबंध, जोड़ पर, गाँठ पड़ेगी, तय है।। पृ० ४५

मथुरा के डॉ योगेश कुमार 'निर्भीक' ने निर्भीकता से सजल में लिखा है कि...

हो मतभेद किंतु मनभेद न हो कोई।

रहे विरोध बना लेकिन संवाद रहे।।पृ० ८२

और, शुभदा बाजपेई के इन पंदिकों की चर्चा करना आवश्यक है यहाँ...

राम जाने कौन है जो नित हमें लड़वा रहा।

छोड़ कर झगड़े सभी को पास आना चाहिए।। पृ० १०६

आगे बढ़कर एक और सजल संग्रह की रचनाओं का अवलोकन करते हैं। डॉ अनिल गहलौत के संपादन में सजल शतक-१३ का प्रकाशन हुआ है। एक सजल में डॉ अखिलेश चन्द्र गौड़ कहते हैं ...

प्रभु ने दे दिया एक आँगन, क्यारियाँ बना डालीं हमने।

बिखरे हम धर्म-जातियों में, खो रहे आज समरसता को।। पृ०१६

आगरा के श्री रमेश पंडित ने सामाजिक सद्भाव पर अपनी व्यथा कुछ ऐसे व्यक्त की है कि...

बीज बो रहे हैं नफरत के। हुआ देश का बुरा हाल है।। पृ० ६४

इटावा के युवा कवि श्री रवि पाल 'खामोश' अपनी बेबाकी के लिए जाने जाते हैं, कहते हैं कि...

मन में राम बगल में छुरियाँ। हाथ मिलाने से क्या होगा?? पृ० ६८

वहीं मथुरा स्थित श्री रवेंद्र पाल सिंह 'रसिक' बिल्कुल स्पष्ट रूप से एक पदिक में कह रहे हैं कि...

भूल बैठा है मनुज बंधुत्व को।

लोभ में निज परिजनों को छल रहा।। पृ० ६९

उमरिया (म प्र) के श्री राजकुमार महोबिया बहुत विनम्रता से साम्प्रदायिक सौहार्द पर अपनी पीर व्यक्त करते हैं...

पहुँची आग घरों तक देखो। कुआँ खोद-अभ्यास रामजी।।

ऊपर-ऊपर ईद-दिवाली। हृदय नहीं उल्लास रामजी।। पृ० ७५

मुरादाबाद स्थित श्री वीरेंद्र सिंह 'ब्रजवासी' एक वरिष्ठ कवि और साहित्यकार हैं। आप जितनी उत्तम सजलें लिखते हैं उतनी ही अच्छी तरह से पढ़ते और सुनाते भी हैं। आपकी सजलों में से कुछ पदिक प्रस्तुत हैं...

मिलकर हर त्यौहार मनाएँ, सदा रहे सौजन्य।

मंदिर, मस्जिद, गुरुद्वारों से मिटता सकल क्लेश।। पृ० ८५

वह तो मुझ पर अपनी जान छिड़कता है।

मुझको भी तो उस पर प्राण लुटाने दो।।

उसके मन में कोई भेद-दुराव नहीं।

साथ बैठकर खाने और खिलाने दो।। पृ० ८६

*****

अमर अद्वितीय 'बिसावर'

256, आनंदवन, फेस-2, मथुरा (उ प्र)

पिन कोड - 281006 मोबाइल - 9359273904

ईमेल - amaradwiteey@gmail.com

****

संदर्भ-साहित्य:-

१. सजल शतक-१ संपादन - डॉ अनिल गहलौत व श्री ईश्वरी प्रसाद यादव

२. सजल शतक-२ संपादन - डॉ अनिल गहलौत व श्री विजय बागरी विजय

३. सजल शतक-३ संपादन - डॉ अनिल गहलौत व डॉ रामप्रकाश 'पथिक'

४. सजल शतक-४ संपादन - डॉ अनिल गहलौत व डॉ श्याम सनेही लाल शर्मा

५. सजल शतक-५ संपादन - डॉ अनिल गहलौत व श्री महेश कुमार शर्मा

६. सजल सप्तक-१० संपादन - डॉ अनिल गहलौत व श्रीमती रेखा लोढ़ा 'स्मित'

७. सजल शतक-११ संपादन - डॉ अनिल गहलौत

८. सजल शतक-१२ संपादन - डॉ अनिल गहलौत

९. सजल शतक-१३ संपादन - डॉ अनिल गहलौत

१०. सजल अष्टक-१ संपादन - डॉ अनिल गहलौत

लेखक परिचय

लेखक नाम - अमर सिंह

साहित्यिक नाम- अमर अद्वितीय 'बिसावर'

पिता- श्री महेन्द्र सिंह

माता - श्रीमती सुनहरी देवी

अर्धांगिनी - श्रीमती पुष्पा सिंह

जन्म-तिथि- १६/१०/१९७१

जन्म-स्थान- गाँव- नगला पृथी, बिसावर (सादाबाद), मथुरा/ हाथरस

शैक्षिक योग्यता - एम ए, एम बी ए

संप्रति- वर्ष १९८९ से २००९ तक भारतीय वायुसेना में सेवा कार्य। तदोपरान्त भारतीय स्टेट बैंक में सेवा।

साहित्यकार के प्रेरणास्रोत - प्रथम मेरी माँ, तत्पश्चात कई कवि, शायर, कहानीकार और प्रेरक लेखक।

प्रकाशित कृतियाँ - आखिर सम्मुख आया सच, बात ही कुछ और थी, रात के बारह बजे, क्या भूलूँ क्या याद करूँ, सीधी सपाट

साझा संकलन (गाता जाए मेरा दिल, सजल दशक-२, सजल अष्टक -२, सजल शतक-११, सजल शतक-१५)

अप्रकाशित- ०२ काव्य संग्रह शीघ्र प्रकाशनाधीन

लेखन विधा- हिंदी व ब्रजभाषा की विभिन्न विधाओं में (गीत, छंद, सवैया, दोहा, ग़ज़ल, सजल, लघु कथा, कहानी, प्रेरणादायी वाक्यांश आदि)

साहित्यिक सहभागिता - हिंदी पुस्तकालय भरतपुर, ब्रज साहित्य परिषद परासौली गोवर्धन, हरियाणा साहित्य संघ, सजल सर्जना समिति मथुरा, आकाशवाणी मथुरा एवं विभिन्न पत्र-पत्रिकाएं।

निवास स्थान/पता- २५६, आनंदवन फेस २, मथुरा (उ प्र)

मोबाइल नं. - 9359273904/ 9457476968

ईमेल - amaradwiteey@gmail.com